PRIVILÉGE

DES

ARCHITECTES, ENTREPRENEURS

ET OUVRIERS

COMMENTAIRE THÉORIQUE ET PRATIQUE

SUIVI D'UN FORMULAIRE

PAR

M. ÉMILE MIGNATON

LICENCIÉ EN DROIT

ENTREPRENEUR DE TRAVAUX PUBLICS.

—

Prix : 2 francs.

—

PARIS

A. MARESCQ AINÉ, LIBRAIRE-EDITEUR

17, RUE SOUFFLOT, 17

—

1875

PRIVILÉGE

DES

ARCHITECTES, ENTREPRENEURS

ET OUVRIERS

CORBEIL. — Typ. et stér. de CRÉTÉ FILS.

PRIVILÉGE

DES

ARCHITECTES, ENTREPRENEURS

ET OUVRIERS

COMMENTAIRE THÉORIQUE ET PRATIQUE

SUIVI D'UN FORMULAIRE

PAR

M. ÉMILE MIGNATON

LICENCIÉ EN DROIT

ENTREPRENEUR DE TRAVAUX PUBLICS.

PARIS

A. MARESCQ AÎNÉ, LIBRAIRE-ÉDITEUR

17, RUE SOUFFLOT, 17

1875

AVANT-PROPOS

Dans cet aperçu sommaire, nous nous sommes proposé de condenser toutes les lois sur le *Privilége des architectes, entrepreneurs et ouvriers*, d'exposer les controverses et les solutions auxquelles il a donné lieu, tant au point de vue de la doctrine que de la jurisprudence.

Pour compléter et éclairer notre commentaire, nous l'avons fait suivre d'un exposé de la *Procédure* et d'un *Formulaire*.

Nous avons cherché à présenter un ensemble concis, mais complet, sur la matière, et à jeter quelque lumière sur des points douteux et susceptibles de réformes, heureux si nous avons approché du but et si notre travail n'est pas sans quelque utilité pour nos lecteurs.

Émile MIGNATON.

Paris, ce 20 septembre 1875.

PRÉLIMINAIRES

Quiconque s'est obligé est tenu de remplir son engagement sur tous ses biens, selon le vieil adage : *qui s'oblige oblige le sien* (art. 2092 C. civ.) ; et lorsqu'un débiteur a plus de dettes que de biens, la perte, résultant de son insolvabilité, est répartie entre ses créanciers proportionnellement au montant respectif de leurs créances.

Cette égalité n'est rompue qu'en faveur des créanciers qui ont un *privilége* ou une *hypothèque* ou un *droit de rétention*, et le privilége est le premier parmi les droits de préférence, il passe avant l'hypothèque.

Au nombre des créanciers privilégiés, l'on compte les architectes, les entrepreneurs et les ouvriers.

Leurs droits sont réglés par le paragraphe 4 de l'article 2103 du Code civil, objet de notre examen, et ainsi conçu :

« Les créanciers privilégiés sur les immeubles sont..... les architectes, entrepreneurs, maçons et autres ouvriers employés pour édifier, reconstruire ou réparer des bâtiments, canaux ou autres ouvrages quelconques, pourvu néanmoins que, par un expert nommé d'office par le tribunal de première instance dans le ressort duquel les bâtiments sont situés, il ait été dressé préalablement un procès-verbal, à l'effet de constater l'état des lieux relativement aux ouvrages que le propriétaire déclarera avoir dessein de faire, et que les ouvrages aient été, dans les six mois au plus de leur perfection, reçus par un expert également nommé d'office.

« Mais le montant du privilége ne peut excéder les valeurs constatées par le second procès-verbal, et il se réduit à la plus-value existante à l'époque de l'aliénation de l'immeuble et résultant des travaux qui y ont été faits. »

L'origine historique de ce privilége se retrouve dans les lois romaines (1). A Rome, il s'attachait uniquement à la reconstruction des édifices détruits et ne s'appliquait pas aux autres ouvrages, soit de construction, soit de réparations.

Cette restriction ne fut pas maintenue par notre ancienne jurisprudence, qui étendit le principe (2), et l'article 12 de la loi intermédiaire du 11 brumaire an VII persista dans cette voie plus large d'interprétation.

L'article 2103 du Code civil n'a fait que reproduire la loi de brumaire.

______

(1) Voyez L. 1, ff., *in quib. caus. pign. tacit ;* — L. 1, C. *De cess. bon.* ; — L. 26, ff., *De reb. auct.* — Voy. encore Vinnius (*quæst. select.*, lib. II, cap. IV); Pothier (Pand., t. I, p. 563, n° 2 ; t. III, p. 186, n° 33).

(2) Voy. Brodeau sur Louet (Lett. *H*, somm. 21, n° 3); — Basnage (*des Hypoth.*, ch. XIV, p. 63).

Est-ce à dire que l'ancienne jurisprudence, le droit intermédiaire et les rédacteurs du Code civil soient restés dans la juste mesure et aient traité la matière d'une façon aussi complète qu'irréprochable? Nous ne le pensons pas, et nous sommes d'accord sur ce point avec MM. Persil et Vatimesnil, qui, dans leurs rapports sur les projets de réforme du régime hypothécaire, préparés dès 1849, ont réclamé énergiquement contre la législation actuelle, pour demander la suppression, soit des formes d'une application si malaisée, établies par l'art. 2103, soit du privilége lui-même, à remplacer par d'autres garanties.

Mais, jusqu'à ce jour, ces projets n'ont pas abouti, et nous devons nous en tenir au commentaire de la loi.

CHAPITRE PREMIER

Dans l'article 2103, il est question d'*édifier*, de *reconstruire* et de *réparer*.

Faut-il prendre ces termes dans un sens restrictif ? Évidemment non (1) : il est certain que la faveur du privilége doit s'attacher aussi aux ouvrages faits sur des digues ou sur des chaussées, et aux grands travaux d'agriculture, aux drainages, aux défrichements de terrain, aux semis et plantations, qui ne sont pas moins que les ouvrages de construction dignes de la protection de la loi.

Le législateur, en effet, n'a pas circonscrit sa pensée dans les mots : *édifier, reconstruire* ou *réparer*. La partie de la phrase qui l'exprime est celle où il parle de *bâtiments, canaux* et AUTRES OUVRAGES QUELCONQUES.

Par là, il fait comprendre que les ouvriers, quels qu'ils soient, qui, par leur travail, ont amélioré un fonds, doivent être privilégiés sur la plus-value par eux prodüite (2).

____

(1) Arrêt de la Cour de Paris, 17 août 1838, aff. Bénard ; Dalloz, v° *Privilége*, n° 472.

(2) Voy. la discussion de l'art. 2103 au Conseil d'État. — M. Treilhard adopte et généralise l'amendement de M. Crétet.

Les lois du 16 septembre 1807, titre V, article 23 (1),
du 21 avril 1810, article 20 (2), du 17 juillet 1856 (3),
n'ont fait que consacrer cette interprétation.

Mais il a été jugé que les produits d'un droit de péage
sur un pont dépendant du domaine de l'État, ne sau-
raient être frappés du privilége de l'art. 2103 au profit
de l'entrepreneur, ou constructeur du pont (4).

Le droit de péage sur un pont est, en effet, un droit
purement mobilier, et le privilége de l'entrepreneur,
essentiellement immobilier, ne pouvait l'atteindre.

(1) Loi relative aux desséchements des marais.
(2) *Id.* aux mines, minières et carrières.
(3) *Id.* sur le drainage.
(4) Arrêt de la Cour de cassation : Ch. civ., 20 février 1865 ; Dalloz,
1865, 1, 308, aff. Roland.

CHAPITRE II

ENTREPRENEURS ET OUVRIERS ADMIS AU PRIVILÉGE.

Les architectes, entrepreneurs et ouvriers, appelés à bénéficier de l'art. 2103, sont ceux qui ont traité directement avec le propriétaire et nullement ceux que les architectes et entrepreneurs eux-mêmes peuvent avoir employés pour l'exécution des travaux (1).

Ces ouvriers doivent être assimilés, sous le rapport qui nous occupe, aux fournisseurs qui ont agi pour le compte d'un sous-traitant.

« Je ne crois pas, dit M. Mourlon, que ce système doive être suivi : lorsqu'un entrepreneur fait un marché avec un propriétaire, la loi, prenant en main l'intérêt des ouvriers qu'il emploiera pour exécuter le travail auquel il s'engage, le constitue leur mandataire au contrat, en sorte qu'en traitant pour lui, il traite en même temps pour eux. L'existence de ce mandat légal ne saurait être méconnue, puisque ce n'est que par lui que l'on peut expliquer l'*action directe* que l'art. 1798 accorde à un ouvrier contre le propriétaire. Or, du moment qu'ils ont été représentés au contrat, les choses doivent nécessaire-

______

(1) Voyez M. Persil (art. 2103, § 4, n° 3). — M. Roland de Villargues (v° *Privilége*, n° 213). — En sens contraire, M. Mourlon (n° 176).

ment se passer à leur égard comme si le propriétaire avait réellement et directement traité avec eux. »

Cette doctrine de M. Mourlon repose sur une fiction ingénieuse; rien de plus. Elle n'est pas dans la loi et, comme telle, elle n'a pas été admise par la jurisprudence.

Ainsi les ouvriers, employés en sous-œuvre, qui agiraient contre le propriétaire, soit du chef de l'entrepreneur, en vertu de l'art. 1166, soit de leur propre chef, en vertu de l'action directe de l'art. 1798, ne pourraient exciper d'un droit privilégié.

Si les ouvriers usent de l'art. 1166 du Code civil, aux termes duquel tout créancier est autorisé à exercer les droits que son débiteur peut avoir contre un tiers, ils n'ont aucun droit de préférence; ils viennent au marc le franc avec les autres créanciers de leur débiteur.

S'ils recourent à l'art. 1798 du Code civil, ils ont bien une action directe contre le propriétaire, mais ils ne le peuvent poursuivre que jusqu'à concurrence de ce dont il se trouve débiteur envers l'entrepreneur.

Si des à-compte avaient été donnés à ce dernier, la réclamation des ouvriers se réduirait d'autant.

Quel sera donc le meilleur parti à prendre pour les ouvriers en cas de faillite, soit de l'entrepreneur, soit du propriétaire?

L'entrepreneur est-il en faillite, les ouvriers auront avantage à exercer leur action directe contre le propriétaire (art. 1798). La somme qu'ils en retireront leur appartiendra exclusivement.

Si, au contraire, le propriétaire est en faillite, ou en déconfiture, tandis que l'entrepreneur est solvable, l'exercice de l'art. 1166, sans leur constituer un privilége, est préférable pour les ouvriers; ils n'ont pas à craindre le concours des autres créanciers de l'entrepreneur.

Aux termes de l'art. 1798, comme nous l'avons dit, les ouvriers ne peuvent poursuivre le propriétaire que jusqu'à concurrence de ce dont il se trouve débiteur envers l'entrepreneur, au moment où leur action est intentée.

De là est née la question suivante :

Les ouvriers ont-ils encore une action directe contre le propriétaire, dans le cas où l'entrepreneur a cessé d'être son créancier, sans pourtant le libérer, c'est-à-dire au cas où il a cédé sa créance à un tiers? M. Marcadé se prononce pour la négative (1). Mais sa thèse n'est pas admissible. L'acte par lequel l'entrepreneur a cédé sa créance n'a pu changer l'état des choses ; son cessionnaire lui a succédé ; c'est son ayant cause. Tout doit se passer, à l'égard de ce dernier, comme si la créance était restée dans la personne du cédant. Le débiteur avait deux créanciers; ils lui resteront, tant qu'il n'aura pas payé.

Notons, pour terminer sur ce point, que le privilége résulte uniquement de la vente de la matière ou de l'industrie de l'architecte ou de l'entrepreneur. La loi suppose une convention entre un ouvrier et un propriétaire à l'immeuble duquel le travail de l'ouvrier est venu s'adjoindre, comme une valeur nouvelle.

Tout concours de circonstances, dans lequel cette combinaison ne se produirait pas, ne saurait donner naissance au privilége.

Ainsi, ne sera-t-il pas accordé au tiers détenteur, ou à tout autre, pour les réparations par lui faites pendant qu'il était en possession (2); que les réparations aient été

____

(1) T. VI, p. 543.

(2) M. Persil (*loc. cit.*, n° 8); Dalloz (*loc. cit.*, n° 34); — M. Mourlon, n° 178. — Arrêt de la Cour de cassation, Ch. des req., 11 nov. 1824, aff. Chenard (Dalloz, v° *Privilége*, n° 460). — Arrêt de la cour d'Amiens, 23 février 1821, aff. Delunel (Dalloz, *id.*).

nécessaires, indispensables ou non, il n'y a pas à distinguer (1).

La loi aurait pu sans doute et même dû traiter le tiers détenteur de bonne foi, au moins avec la même faveur que l'architecte et l'entrepreneur : elle ne l'a pas fait (2). Ainsi il a été jugé que le syndic d'une faillite ne peut réclamer collocation privilégiée sur le prix d'un immeuble de la faillite au préjudice des créanciers hypothécaires, à raison des frais de réparations et améliorations par lui faites à cet immeuble avec des fonds autres que les revenus de ce même immeuble (3).

(1) Voyez Grenier, t. II, n° 410. — Duranton, t. XIX, n° 190-193 ; — Troplong, n° 243.

(2) Arrêt de la Cour de cassation, Ch. des req., 28 nov. 1838, aff. Houyeau (Dalloz, v° *Privilége*, n° 459). — Dalloz, 8 juillet 1840 (aff. Prévost).

(3) Arrêt de la Cour de cassation, Ch. civ., 23 juin 1862 (Sirey-Vill., 1863, 1, 205. — *Journal du Pal.*, 1863, p. 782. — Dalloz, 1863, 1, 243, — Aff. Martin Martinière).

CHAPITRE III

La loi dit que le privilége de l'architecte, de l'entrepreneur et des ouvriers « se réduit à la plus-value existant à l'époque de l'aliénation de l'immeuble et résultant des travaux qui y ont été faits. »

Voilà qui est déterminé : fixer la valeur de l'immeuble :

1° Avant de commencer les travaux ;

2° Au moment de l'aliénation.

Prendre la différence entre ces deux valeurs ; c'est elle qui constitue la plus-value, visée par l'art. 2103 (1).

Avant les travaux, l'immeuble vaut 100 ; au moment de la vente, après les travaux, son prix est de 150. La plus-value est de 50.

Mais tout ne se passe pas toujours avec cette simplicité.

L'immeuble, sur lequel des travaux ont été faits, peut acquérir une plus-value nouvelle, *pour une autre cause,*

(1) Arrêt de la Cour de Bordeaux, 2 mai 1826. — Arrêt de la Cour de cassation, Ch. des req., 28 novembre 1838 (déjà cité). M. Troplong, n° 244.

par exemple, par l'établissement d'une place, le percement d'une rue. Il se trouve ainsi dans une situation beaucoup plus avantageuse que par le passé; son prix a augmenté.

On peut admettre l'hypothèse inverse : tandis que l'immeuble s'est accru, d'un côté, par le travail et l'industrie des ouvriers, il s'est amoindri, d'un autre, par l'effet d'un sinistre, un incendie, une inondation qui l'a détruit, en partie.

Que décider, si de telles éventualités se présentent?

La double plus-value que nous supposons, dans le premier cas, sera-t-elle grevée du privilége des ouvriers? — Le privilége sera-t-il perdu dans le deuxième, si nous supposons que l'accroissement résultant des travaux et la diminution produite par le sinistre se balancent?

En principe, la solution doit être négative sur l'un comme sur l'autre point.

Précisons par deux espèces :

J'ai un immeuble de 100,000 francs. J'y fais exécuter pour 35,000 francs de travaux, après lesquels cependant il ne vaut que 120,000 francs.

La plus-value n'est donc que de 20,000 francs.

Mais les travaux exécutés, estimés et reçus, mon quartier est remanié ; on perce une rue ; on ouvre une vaste place sur laquelle ma maison vient à se trouver en façade, au lieu d'être, comme avant, sur une impasse étroite et mal aérée. Je profite de la situation. Je vends ma maison 150,000 francs.

Voilà donc une deuxième plus-value de 30,000 francs, indépendante de la première. Faut-il dire qu'elle comptera pour le privilége de l'entrepreneur? Non, de toute évidence.

On fait cependant une objection :

Il se peut, dit-on, il est même certain que si la maison

n'avait pas été réparée, elle aurait obtenu, par l'établissement de la place, une plus-value moindre, 15,000 francs peut-être, et n'aurait été vendue que 115,000 francs. En sorte que la plus-value de 30,000 francs produite par l'établissement de la place devrait être reportée pour moitié aux travaux de l'entrepreneur.

Il y a là, comme on le voit, des difficultés d'appréciation, devant lesquelles la loi a reculé, car elle ne se prête pas à ce décompte. D'après les termes mêmes de l'art. 2103, le privilége se réduit à la plus-value *résultant des travaux*. Les autres améliorations, provenant d'autres causes, profitent au propriétaire seul. C'est l'avis de tous les auteurs, M. Mourlon excepté. Quoique, tout en approuvant l'esprit de sa doctrine, nous ne pensons pas pouvoir la suivre et la conseiller dans la pratique. Nous la citons, car elle mérite examen.

« Je ne sais si je me trompe, dit-il, mais ces expressions de la loi : *Le privilége des ouvriers se réduit à la plus-value résultant de leurs travaux*, n'ont point le sens qu'on leur donne. La loi a simplement voulu dire, en les employant, que le privilége portera non point sur la totalité de l'immeuble amélioré, mais seulement sur l'augmentation de valeur que le travail des ouvriers aura produite. Quant à la question de savoir si les améliorations que cette plus-value pourra elle-même recevoir, dans la suite, entreront, ou non, dans le privilége, *la loi ne s'en occupe pas*. Dès lors, comment la résoudre si ce n'est conformément au droit commun ? »

« Si le privilége des ouvriers *dégénérait en simple hypothèque*, faute d'une inscription, prise en temps utile (art. 2113), l'art. 2133 leur serait certainement applicable. Or, que l'on réfléchisse à la bizarrerie de ce résultat ! Les ouvriers puiseraient *dans la déchéance*, dont la loi les aurait frappés, une prérogative que leur *privilége* ne comportait pas (1) ! »

M. Mourlon reconnaît lui-même que la loi n'a pas prévu le cas ; c'est une lacune à combler ; mais tant qu'elle ne le sera pas, il faut prendre l'art. 2103, dans ses termes, tel quel, *et sans y ajouter*.

Venons à notre deuxième hypothèse : j'ai fait pour 35,000 francs de travaux à ma maison de 100,000 francs. La plus-value est toujours de 20,000 francs. Mais survient un cas fortuit, qui déprécie mon immeuble. Je ne le vends que 100,000 francs, sa valeur avant les réparations. Le privilége de l'entrepreneur et des ouvriers, que devient-il ? Il subsiste : mais dans quelle proportion ?

Sans doute, si ma maison entière a péri, la plus-value a disparu avec ma maison elle-même, et le privilége n'a plus, devant lui, la seule valeur qu'il pût atteindre. Il n'existe plus.

Mais, si ma maison n'a été que dégradée ; si elle est encore debout, existant dans ses principales parties, la plus-value, résultant des constructions, y est représentée par une valeur quelconque, car il est évident qu'après le désastre, j'aurais retiré de ma maison un prix moindre, si elle n'eût pas été récemment augmentée.

Le prix, dans ce cas, eût été de 80,000 francs, de 90,000 peut-être ; or, il s'est élevé à 100,000 francs : il y a donc encore une plus-value de 20,000 ou de 10,000 francs, qui demeure affectée au privilége de l'entrepreneur et des ouvriers.

En résumé, il peut se produire ce double fait : plus-value, sans qu'il y ait lieu à privilége ou sans que le privilége s'étende à toute la plus-value ; moins-value, et cependant privilége.

La situation la plus fréquente, celle qui se produit à

1) M. Mourlon, *Examen critique des Priviléges*, n° 179.

peu près, chaque fois, est celle où la dépense excède la plus-value, résultant des travaux.

Le texte de la loi ne permet pas de doute à cet égard. Si la créance des ouvriers est supérieure à la plus-value, ils ne sont privilégiés que jusqu'à concurrence de cette plus-value et ne peuvent réclamer le surplus que comme créanciers hypothécaires, ou même comme simples chirographaires, suivant qu'ils ont ou n'ont pas un titre emportant hypothèque.

CHAPITRE IV

Nous abordons maintenant une question fort contro-
versée :

Un entrepreneur a fait pour 40,000 francs de travaux dans ma maison. Celle-ci valait 100,000 francs.
Son prix s'est élevé à 120,000 par suite des réparations,
qui ont procuré une plus-value de 20,000 francs.

Au cours des travaux et suivant l'usage, j'ai versé des
à-compte mais jusqu'à concurrence de 10,000 francs
seulement. Il reste donc dû 30,000 francs à l'entrepreneur.

Cette somme, ce reliquat sera-t-il admis au moins pour
20,000 francs, montant de la plus-value, au rang des
créances privilégiées?

Plusieurs auteurs tiennent pour la négative pure et
simple ; d'autres, pour la négative avec des tempéraments.
Nous préférons l'affirmative, et nous allons en déduire
les raisons par l'exposé de la controverse.

D'après M. Persil, la question est résolue par la loi 97,
ff. *De solutionibus*. Il y a deux créances, l'une privilégiée,
l'autre chirographaire, dans notre espèce ; il était dû
40,000 francs à l'entrepreneur. Sur ces 40,000, 20,000
seulement étaient privilégiés. Quand le propriétaire a versé

un à-compte de 10,000 francs, l'imputation a dû se faire sur la dette qu'il avait le plus d'intérêt d'éteindre, par conséquent sur la dette privilégiée; et les ouvriers ne seraient plus colloqués par privilége que pour une somme de 10,000 francs, puisque la plus-value, qui seule est leur gage, n'est que de 20,000 francs (1).

MM. Grenier, Duranton et Dalloz soutiennent un système mixte (2). Ils reconnaissent qu'il y a une *seule obligation*, contractée envers l'entrepreneur; ce qui ne les empêche pas de s'en référer aux règles générales sur l'imputation des paiements et de suivre la deuxième disposition de l'art. 1256 du Code civil, suivant laquelle, en cas de dettes d'égale nature, et toutes choses égales, l'imputation doit se faire proportionnellement. Ainsi, dans notre espèce, les 10,000 francs d'à-compte devront s'imputer proportionnellement sur la créance privilégiée, qui est de 20,000 francs et sur la créance chirographaire qui est d'une somme égale, c'est-à-dire pour 5,000 fr. pour chacune des deux. D'où résulterait que l'entrepreneur ou les ouvriers ne pourraient être admis par privilége que pour une somme de 15,000 francs.

M. Paul Pont (3), et nous le croyons dans le vrai, rejette ces deux systèmes.

Comme le reconnaissent MM. Grenier, Duranton et Dalloz, il n'y a qu'une seule dette, 40,000 francs dus dans notre hypothèse. Donc, point d'imputation possible. Quel a été l'effet des à-compte? de diminuer la créance d'autant, mais elle subsiste pour ce qui en reste avec toutes ses garanties. C'est comme si la créance, à l'origine, n'eût pas dépassé la somme restant due, les à-

(1) M. Persil (art. 2103, § 4, n° 4).

(2) M. Grenier, t. II, n° 412. — Dalloz, *loc. cit.*, n° 35. — Duranton, t. XIX, n° 191.

(3) M. P. Pont, *Des priviléges et hypothèques*, t. I.

compte payés. Dans notre espèce, l'entrepreneur ou les ouvriers étant restés créanciers de 30,000 francs, devront être admis, par privilége, jusqu'à concurrence des 20,000, montant de la plus-value.

CHAPITRE V

L'art. 2103 a subordonné l'acquisition du privilége à
une double formalité :

Il faut : 1° qu'avant tout, il ait été dressé par un
expert, nommé d'office par le tribunal de la situation des
immeubles, procès-verbal de l'état des lieux relativement
aux ouvrages que le propriétaire a l'intention de faire ;
et 2° que dans les six mois au plus de leur perfection,
les ouvrages aient été reçus par un expert, aussi nommé
d'office, et qu'il en ait été dressé également procès-verbal.

La loi sur le drainage (17-25 juillet 1856) a disposé
de même, par son art. 6, que les divers priviléges qu'elle
crée ne sont acquis que sous la condition, par les créanciers, d'avoir préalablement fait dresser un procès-verbal
à l'effet de constater l'état de chacun des terrains à
drainer, relativement aux travaux de drainage projetés,
d'en déterminer le périmètre et d'en estimer la valeur
actuelle d'après les produits. Le même article ajoute
que, lorsqu'il s'agit du privilége des entrepreneurs, qui
ont exécuté des travaux pour des propriétaires, non
constitués en syndicat, ces entrepreneurs doivent, de plus,
faire vérifier la valeur de leurs travaux, dans les deux mois

de leur exécution par un expert désigné par le juge de paix.

La loi a voulu ainsi prévenir les connivences frauduleuses entre le propriétaire et l'entrepreneur et sauvegarder d'ailleurs les intérêts de ce dernier.

Si le montant du privilége avait pu être fixé d'un commun accord entre les parties, le propriétaire, en l'exagérant, aurait eu la facilité de frustrer ses autres créanciers et de les dépouiller de leurs garanties, en tout, ou en partie.

D'autre part, abstraction faite de toute entente du propriétaire et de l'entrepreneur, il y avait à considérer que la plus-value, donnée par le travail des entrepreneurs et ouvriers, s'incorpore à l'immeuble. Or, des hypothèques peuvent grever cet immeuble et, comme en principe, l'hypothèque acquise s'étend à toutes les améliorations survenues à l'immeuble hypothéqué (art. 2133), il s'ensuit que les ouvriers privilégiés sur la plus-value seulement verraient leur gage passer à d'autres créanciers, si des mesures n'étaient prises pour *individualiser*, en quelque sorte, cette plus-value et la montrer distinctement de l'immeuble, tel qu'il était avant la confection des travaux.

De là, les formalités protectrices indiquées ci-dessus, formalités substantielles. Sans elles, point de privilége, qu'il s'agisse de réparations ou de constructions nouvelles à élever sur un terrain vague et nu. La jurisprudence est constante sur ce point (1).

Cette règle admet cependant quelques tempéraments. Ainsi la Cour de Bordeaux (2) a considéré comme

(1) Arrêts de la Cour de Bordeaux, 26 mars 1834 ; — Arrêts de la Cours de Paris, 6 mars 1834 ; 26 mars 1838 ; — de Rouen, 12 juin 1841 ; de la Cour de cassation, 11 juillet 1855 (Sirey, 8, 1855, 1, 699).

(2) Arrêt de la Cour de Bordeaux, 2 mai 1826. — M. Persil, *Régime hyp.*, art. 2103, § 4, n° 1. — Dalloz (*loc. cit.*, n° 31) ; — Troplong (n° 245, à la note).

valable et suffisant le procès-verbal, dressé d'*après les renseignements des parties* et l'état des lieux, seulement après que les travaux avaient été commencés; *parce que les travaux exécutés laissaient toute possibilité de reconnaître l'ancien état* de l'immeuble. Cette jurisprudence nous paraît remplir le but de la loi, qui recherche les éléments certains de la plus-value, et rien de plus.

La Cour de cassation a déclaré cependant, à deux reprises (1), que le procès-verbal ne fait acquérir le privilége qu'autant qu'il est dressé *préalablement aux travaux ;* mais elle motive ses arrêts sur ce que les travaux de construction ou de démolition, antérieurs au procès-verbal, empêchaient qu'on pût reconnaître la valeur de l'immeuble, avant tous travaux.

La Cour de cassation va plus loin et décide que, dans ce cas, non-seulement le constructeur n'a aucun privilége sur les travaux antérieurs au procès-verbal, mais encore qu'il n'acquiert pas non plus le privilége sur la plus-value, résultant des travaux *effectués postérieurement au procès-verbal.*

Cette doctrine nous paraît absolument contraire à l'esprit de la loi, et nous n'hésitons pas à opter pour la jurisprudence tout opposée de la Cour de Paris (2). Dans une telle situation, quel motif, en effet, alléguer pour refuser le privilége, si l'on veut rester dans l'esprit de la loi ? On ne peut invoquer qu'un argument de texte, la lettre même de l'art. 2103.

Mais ce qu'il faut rechercher, avant tout, n'est-ce pas l'intention du législateur ? et, quand elle est claire, manifeste, irrécusable, comme dans notre espèce, ne doit-on pas l'appliquer ?

(1) Arrêt de la Cour de cassation, Ch. civ., 20 nov. 1839 (Sirey, VI, 1839, 1, 903). — Ch. des req., 1er mars 1853 (Dalloz, 1853, 1, 216).

(2) Arrêts de la Cour de Paris, 6 mars 1834; 17 août 1838.

CHAPITRE VI

Conflit des priviléges spéciaux sur les immeubles entre .e vendeur, le copartageant et les architectes, entrepreneurs et ouvriers.

Le Code divise les priviléges en trois classes :

1° *Priviléges généraux*, portant sur tous les meubles et subsidiairement sur tous les immeubles du débiteur (art. 2101, 2104 et 2105, C. civ.);

2° Priviléges spéciaux sur certains meubles (art. 2102);

3° Priviléges spéciaux sur certains immeubles (art. 2103).

1° La loi a réglé (art. 2105) le concours des *priviléges* GÉNÉRAUX (art. 2101) avec les *priviléges* SPÉCIAUX *sur les* IMMEUBLES.

Les priviléges généraux l'emportent : ainsi les architectes, entrepreneurs et ouvriers seront primés par les frais de justice, les frais funéraires, les frais quelconques de dernière maladie, les salaires des gens de service pour l'année échue et ce qui est dû sur l'année courante, les fournitures de subsistances faites au débiteur et à sa famille, pendant les six derniers mois, pour les marchandises en détail et pendant la dernière année pour les maîtres de pension et marchands en gros.

Toutefois, ce droit de préférence n'est accordé aux créanciers, en faveur desquels sont établis les priviléges généraux que *subsidiairement* et au cas où la fortune mobilière du débiteur ne suffit pas pour les désintéresser intégralement. Qu'adviendra-t-il donc, s'ils négligent de se faire colloquer sur le prix du mobilier? Ils seront certainement déchus du droit de préférence qui leur est accordé sur les créanciers ayant un *privilége spécial sur les immeubles*.

Lorsque les immeubles sont vendus avant les meubles, les créanciers de l'art. 2101 peuvent–ils se présenter pour être colloqués sur le prix par préférence aux créanciers de l'art. 2103? Assurément; mais leur collocation est *provisoire*. Ils doivent discuter le mobilier dans un bref délai et souffriront la réduction de leur collocation aux sommes dont ils ne seront pas payés sur le prix des meubles.

S'ils rapportent un procès-verbal de carence, constatant qu'il n'y a pas de mobilier, ils conserveront en entier leur collocation.

2° Pour le concours avec *les priviléges spéciaux sur* CERTAINS MEUBLES, il ne saurait se produire pour les architectes, entrepreneurs et ouvriers, visés par l'art. 2103, objet particulier de notre étude.

En ce qui concerne les ouvriers, nous ferons remarquer seulement qu'ils primeront le *créancier gagiste*, si les frais de conservation du gage, dus à leur travail, sont postérieurs au nantissement.

De même les ouvriers passeront avant le *vendeur*, si, depuis la vente, ils ont conservé l'objet vendu.

Il est, en effet, de toute équité que le créancier, qui, par son travail et ses avances, a conservé le gage des autres, soit payé avant eux. De même, lorsque divers ouvriers ont été, en *différents temps*, appelés à réparer le même objet, il y a entre eux cette différence que les ouvriers appelés en dernier lieu ont, par leur travail, conservé le privilége des ouvriers qui les ont précédés et ont, par là même, une cause légitime de préférence.

3° *Pour les conflits des priviléges spéciaux sur les immeubles entre le vendeur, le copartageant, les architectes et entrepreneurs*, ils sont fort rares dans la pratique et n'ont point attiré l'attention de la loi. Le concours de plusieurs vendeurs entre eux est le seul qu'elle ait prévu : aussi est-ce le seul qu'elle a réglé.

Quant à ceux dont elle ne s'est point occupé, leur règlement relève uniquement des principes de raison ou d'équité, qui ont servi de fondement aux priviléges qui se trouvent aux prises. C'est donc d'après leurs qualités respectives qu'ils doivent être classés, conformément au principe doctrinal de l'article 2096. Ainsi, que l'acheteur d'un immeuble ou le copartageant, qui l'a reçu dans son lot, ait fait faire des travaux sur cet immeuble, le privilége des entrepreneurs sur la plus-value, par eux créée, passe avant celui du vendeur ou du copartageant ; autrement ces derniers s'enrichiraient aux dépens des entrepreneurs et ouvriers.

Jusqu'ici, dans notre examen, nous avons étudié les questions de principes, exposé la doctrine des principaux auteurs et la jurisprudence qui s'y réfère. Il nous reste à indiquer comment, dans l'application, l'on aboutit à la mise en œuvre de l'art. 2103 et à l'exercice du privilége, conféré aux architectes, entrepreneurs et ouvriers.

CHAPITRE VII

Le privilége des architectes, entrepreneurs et ouvriers n'a pas lieu de plein droit.

Il résulte de l'exécution des formalités prescrites par l'art. 2103.

Avant tout, il faut solliciter du tribunal, par voie de requête, la nomination d'un expert.

Trois cas sont à supposer : La demande d'expertise sera faite par le propriétaire ou par l'entrepreneur, ou, à la fois, par le propriétaire et par l'entrepreneur, agissant de concert.

1° Le propriétaire, dans l'intention de faire construire ou réparer, peut faire dresser un procès-verbal. Il offre ainsi, par avance, le privilége devant résulter de la plus-value, présente plus de garanties et doit, en conséquence, traiter dans de meilleures conditions avec un entrepreneur.

2° L'entrepreneur, de son côté, a aussi la faculté, d'un commun accord, ou non, avec le propriétaire, de requérir une expertise. Mais, c'est l'opinion de Lepage, et nous la partageons, l'entrepreneur ne saurait user de ce droit, sans avoir passé un marché avec le propriétaire. Sans quoi, comment et à quel titre, pourrait-il faire procéder sur la propriété d'autrui, sans son acquiescement?

3° Enfin, le propriétaire et l'entrepreneur, s'ils agissent par suite d'une commune entente, présenteront ensemble la requête exposant leur demande, comme nous l'indiquons dans notre première formule (1).

Sur cette requête, un expert est nommé d'office par le tribunal en la chambre du conseil.

Le jugement de nomination commet le président ou un membre du tribunal pour recevoir le serment de l'expert et ordonne que ce dernier dressera procès-verbal de l'état dans lequel se trouvent les lieux et des ouvrages que le propriétaire se propose de faire.

En vertu d'une ordonnance obtenue du juge commis, l'expert est assigné par la partie la plus diligente à venir prêter serment, et sur le procès-verbal, qui est dressé de cette formalité, il indique le jour et l'heure où il fera son opération, en présence des parties intéressées.

Au jour dit, après avoir constaté les lieux, l'expert énonce sur son procès-verbal les ouvrages que le propriétaire déclare avoir dessein de faire exécuter. Les parties signent chaque vacation et, si elles ne peuvent pas écrire, mention en est faite par l'expert, qui dépose ensuite la minute de son travail au greffe du tribunal, où il a reçu sa mission.

La partie la plus diligente prend au greffe une expédition du procès-verbal déposé par l'expert et le fait inscrire au bureau des hypothèques de l'arrondissement, dans lequel est située la construction.

Ici s'arrête la première série des formalités édictées par l'article 2103.

Dans les six mois, au plus tard, à compter du jour où

(1) Formule n° 1, p. 4C.

les ouvrages sont terminés, il est nécessaire qu'ils soient reçus juridiquement. Sans cette deuxième opération, le privilége n'aurait pas d'existence. Mais aussi, dès qu'elle a eu lieu et que le procès-verbal de reception a été inscrit au bureau des hypothèques, le privilége obtient toute sa force et date du jour où l'inscription du premier procès-verbal a été prise.

A l'effet d'arriver à ce résultat, requête est présentée au tribunal par le propriétaire ou par l'entrepreneur, ou par tous deux concurremment.

Par le jugement qui intervient, le même expert, ou tout autre, est nommé d'office, et un juge est commis pour recevoir son serment à la diligence des requérants.

L'expert est assigné pour prêter serment et, en même temps, sommation est faite aux autres parties d'être présentes, si bon leur semble, à la prestation de serment. Il faut, en effet, qu'elles puissent fournir, avant cette formalité, leurs moyens de reproche, si elles en ont, car, bien que l'expert soit nommé d'office, on admet le droit des parties de présenter leurs observations en la chambre du Conseil sur le choix de l'expert.

L'une des parties intéressées n'a-t-elle pas été appelée, elle peut intervenir et former opposition à l'ordonnance qui reçoit le serment de l'expert.

A l'égard de ceux qui ont été dûment appelés, ils ne sont plus recevables à reprocher l'expert, après la prestation de serment, à moins que la cause de reproche ne soit survenue postérieurement.

Pour la prestation de serment du deuxième expert, l'on suit la même procédure que pour le premier.

A la diligence du poursuivant, les parties intéressées qui n'ont pas comparu à la prestation du serment où elles ont été appelées, sont sommées de se trouver au jour et à l'heure indiqués pour l'expertise.

L'opération de l'expert consiste à constater les ouvrages faits depuis la première visite des lieux, à déclarer s'ils ont été exécutés suivant les règles de l'art et conformément aux conventions arrêtées entre les parties, à en faire l'estimation et indiquer la plus-value.

Tous ceux qui prétendent avoir droit au privilége remettent donc leurs mémoires à l'expert, qui vérifie et arrête le montant de chacun en particulier. Le tout est constaté au procès-verbal.

Le procès-verbal terminé, l'expert le dépose au greffe. La partie la plus diligente s'en procure une expédition, et, si toutes les parties sont d'accord, il ne s'agit plus que de le faire inscrire au bureau des hypothèques. Le privilége est dès lors définitivement assuré.

Au cours de l'expertise, si des contestations se sont élevées entre les parties, l'expert se contente de recueillir les dires de chacune et les renvoie à se pourvoir.

Si la difficulté n'est pas de nature à empêcher la suite de l'opération, il la termine.

Au contraire, s'il est essentiel que le point contentieux soit réglé, avant de pousser plus loin son travail, l'expert déclare qu'il n'achèvera que lorsque les contestants se seront fait juger.

Alors, la partie la plus diligente assigne les autres pour faire prononcer soit en référé, soit par le tribunal, selon l'objet de la contestation.

En vertu du jugement, l'expert, à qui il est remis, reprend sa mission pour y mettre fin.

CHAPITRE VIII

Une seule inscription suffit, en général, à la publicité des priviléges. Mais par dérogation à cette règle, la loi en exige deux pour la conservation du privilége des entrepreneurs et ouvriers.

« Les architectes, maçons et autres ouvriers, porte l'art. 2110, conservent, par la *double* inscription, faite, 1° du procès-verbal qui constate l'état des lieux; — 2° du procès-verbal de réception, leur privilége à la date de l'inscription du premier procès-verbal. »

Mais l'art. 2110 n'a pas fixé le délai dans lequel devait avoir lieu l'inscription des procès-verbaux. Faut-il en conclure qu'à quelque époque que cette inscription soit faite, les architectes et entrepreneurs devront toujours primer les créanciers à qui le propriétaire aura consenti des hypothèques depuis le commencement des travaux?

Nous ne le pensons pas.

L'art. 13 de la loi du 11 brumaire an VII voulait que le procès-verbal qui constatait les ouvrages à faire fût inscrit *avant le commencement des travaux* et que le privilége n'eût d'effet que par cette inscription. Rien ne nous porte à croire que les rédacteurs du Code, qui se sont inspirés de la loi de brumaire, aient voulu sur ce point y déroger.

Si l'entrepreneur s'inscrit après les travaux, il n'a plus qu'une simple hypothèque, soumise au principe : *qui potior est tempore, potior est jure*.

Il ne faut pas, en effet, qu'il y ait de surprise, et il y aurait surprise si les créanciers inscrits pendant le cours des travaux, ou après leur achèvement, pouvaient être écartés par l'effet d'un privilége, dont on leur aurait caché l'existence.

Le premier procès-verbal d'expertise devra donc être inscrit, avant le commencement des travaux, sous peine de faire dégénérer le privilége en simple hypothèque.

Pour le deuxième procès-verbal, dans quel délai, lui aussi, devra-t-il être inscrit? Le Code, de même que la loi de brumaire, n'en fixe aucun. On en conclut qu'il peut être valablement inscrit *à toute époque*, avec effet rétroactif de son inscription à la date de l'inscription du premier procès-verbal. « Par sa première inscription, dit Mourlon, l'ouvrier a notifié au public l'existence d'un privilége subordonné à cette condition : *s'il y a des travaux productifs d'une plus-value;* par sa seconde inscription, il avertit les tiers que la condition d'où dépendait son privilége est actuellement réalisée. Or, toute condition accomplie remonte, quant à son effet, au jour où le droit qu'elle réalise a commencé d'exister à l'état de droit conditionnel (1). »

Ici, il ne peut plus y avoir surprise pour les tiers. Par l'inscription du premier procès-verbal, ils savent que l'immeuble est grevé d'un privilége, c'est à eux de s'enquérir de son étendue. Avant de traiter avec le propriétaire, ils n'ont qu'à exiger de lui la présentation du

____

(1) Mourlon, *Privil. et hypoth.*, t. II, p. 799.

deuxième procès-verbal ou la justification de sa libération envers l'ouvrier. D'ailleurs, l'expertise est au greffe ; ils peuvent s'y renseigner.

Quoi qu'il en soit, l'entrepreneur, désireux de conserver son privilége, sans conteste, fera bien d'user de toute diligence pour les inscriptions, dès l'achèvement des deux procès-verbaux.

CHAPITRE IX

Nous ne devons pas terminer cette étude sans en tirer les conséquences et observations qui s'en déduisent d'elles-mêmes.

L'art. 2103 est d'une rare application.

Le plus souvent, que ce soit par crainte de se faire mal venir du propriétaire et de manquer une affaire pour avoir voulu se mettre trop à couvert, ou qu'il soit rebuté par le nombre des formalités à remplir, par les frais et par l'incertitude même de l'étendue future de sa garantie, en raison de la plus-value, l'entrepreneur fait abandon de son privilége. Il ne le prend pas.

Il n'en usera, parfois, que dans deux cas, et encore est-ce par exception :

1° Quand il s'agit pour lui d'entreprendre des travaux considérables ;

2° Quand, au cours des travaux, il voit faiblir le crédit du propriétaire et conçoit de justes inquiétudes sur sa solvabilité.

Dans cette dernière éventualité il peut rechercher de nouvelles sûretés, s'assurer de son privilége pour ce qui lui reste à construire.

Mais, nous le répétons, d'ordinaire, l'entrepreneur

n'en vient pas là et, se sentant désarmé par les rigueurs de l'art. 2103, dont il trouve les garanties illusoires, il tourne la difficulté, en ayant recours à divers expédients, fort légitimes du reste, et à peu près efficaces pour le mettre à l'abri.

Ainsi, s'il se trouve en face d'un propriétaire dont l'état de fortune est suffisant, s'il veut une garantie sérieuse, il exigera que le montant du prix de la construction soit déposé à titre de gage entre les mains d'un tiers, banquier ou notaire, chargé de verser les fonds à l'entrepreneur au fur et à mesure que les travaux avancent, par exemple, un quart après l'achèvement de la maçonnerie des caves et du rez-de-chaussée, un autre quart quand la maçonnerie et les planchers du premier ou du deuxième étage sont finis; le troisième quart après la pose de la toiture, et le dernier quart après la clôture et la réception des travaux.

Quand le propriétaire n'a pas d'argent, il peut s'en procurer en donnant hypothèque. L'entrepreneur lui demandera alors de se faire ouvrir par un banquier un crédit égal à la valeur présumée des travaux avec une hypothèque sur l'immeuble, laquelle hypothèque prendra rang de l'ouverture du crédit. Puis, par un acte particulier, qui est d'ordinaire le marché, on délègue à l'entrepreneur le montant du crédit payable à diverses échéances et suivant l'avancement des travaux.

Nous ne voulons pas multiplier les exemples, ils rentreraient tous, plus ou moins, dans les deux hypothèses que nous venons de présenter.

Presque toujours l'entrepreneur n'osera pas, c'est le mot, prendre toutes ces sûretés. Il suivra la foi du propriétaire et se contentera d'un à-compte pour commencer les travaux, suivant un marché, dont rien n'assurera l'exécution, si le propriétaire devient insolvable; et la cause première de cette situation dommageable ne sera autre que les difficultés légales, qui auront écarté l'entrepreneur de l'observation de l'art. 2103.

Là est le mal ; là il faudrait apporter le remède, simplifier la loi, abolir la plupart des formalités aussi coûteuses que peu praticables et auxquelles il n'est pas impossible de suppléer, toute considération gardée. Si l'art. 2103 permettait au propriétaire et à l'entrepreneur de choisir d'accord un architecte-expert, lequel constaterait sommairement l'état des lieux avant et après les travaux et la plus-value ; si, pour éviter toute collusion frauduleuse, bien difficile, du reste, à se produire, entre le propriétaire et l'entrepreneur, ils étaient obligés de prendre pour les constatations l'un des architectes ou hommes de l'art inscrits au tableau des experts par le tribunal ; si l'on se contentait enfin d'une seule inscription, celle du procès-verbal, relatant l'importance de la construction à faire et les principales clauses du marché, quitte à l'entrepreneur à produire, plus tard, le deuxième procès-verbal, s'il était obligé de recourir à justice pour faire valoir ses droits, l'on rendrait assurément le privilége d'un accès moins difficile, et ce serait un premier progrès, grâce auquel seraient mieux sauvegardés les intérêts des architectes, entrepreneurs et ouvriers trop souvent mis en péril et sans défense.

CHAPITRE X

FORMULE I.

REQUÊTE AFIN DE NOMINATION D'EXPERT.

A MM. les président et juges composant la chambre du Conseil de la première chambre du tribunal civil de première instance de la Seine,

M. (*prénoms, nom*), propriétaire, demeurant à....., rue....., n°.....

Et M. (*prénoms, nom*), entrepreneur de....., demeurant à....., rue....., n°   (1).

Ayant M^e..... pour avoué,

Ont l'honneur de vous exposer : Que par contrat reçu par Mes A. et B....., notaires à....., le....., enregistré (*le marché peut être sous seing privé ou même purement verbal*), le sieur..... (*entrepreneur*), s'est engagé à élever sur un terrain sis à....., rue...., n°..... (ou non encore numéroté), appartenant au sieur....., l'un des exposants, une construction de....., étages, moyennant une somme de..... (*ou au mètre, d'après telle série de prix*).

Que pour assurer davantage à M..... le payement de ladite somme, il a été convenu entre les parties que

(1) La requête peut être présentée par l'entrepreneur ou par le propriétaire seul.

M..... aurait droit sur ledit immeuble au privilége du constructeur ;

Que pour l'acquisition de ce privilége un expert doit être nommé d'office par le tribunal, afin de dresser les procès-verbaux de constat indiqué par l'art. 2103-4° du Code civil.

En conséquence, les exposants supplient qu'il vous plaise, Messieurs,

Vu l'expédition du contrat notarié sus-énoncé et les dispositions de l'art. 2103 du C. civil,

Nommer d'office tel expert qu'il vous plaira indiquer, à l'effet de constater l'état des lieux relativement aux ouvrages que le sieur....., l'un des exposants, a le dessein de faire exécuter, et d'en dresser un procès-verbal, qu'il déposera au greffe ; et ordonner que par le même expert lesdits travaux seront reçus dans les six mois au plus tard de leur perfection, et que leur valeur sera constatée par le règlement des mémoires ; de laquelle opération l'expert dressera également procès-verbal qu'il déposera aussi au greffe du tribunal.

Et ce sera justice.

(Signature de l'avoué.)

Soit communiqué à M. le procureur de la République et commettons M..... juge pour faire son rapport.

A... le

(Signature du Président.)

Le procureur de la République donne au bas de la requête ses conclusions par écrit, et le juge fait son rapport en la chambre du conseil qui prononce.

FORMULE II.

JUGEMENT. — NOMINATION DE L'EXPERT.

Chambre du conseil ; — première chambre ; audience du.....

Entre le sieur (*nom, prénoms, profession, domicile*),

Et le sieur (*nom, prénoms, profession, domicile*).

POINT DE FAIT :

Exposé des faits.

POINT DE DROIT :

Le tribunal devait-il nommer un expert conformément à la requête des sieurs..... en date du.....

Le tribunal :

Attendu que la demande est conforme aux dispositions de la loi :

Ordonne que par..... architecte, demeurant à..... rue..... n°..... expert que le tribunal nomme d'office, serment par lui prêté devant M. le président, et en cas d'empêchement dudit expert, par tel autre expert qui sera commis par M. le président sur simple requête, le terrain situé à..... rue..... n°..... sera vu et visité à l'effet de constater son état, relativement aux travaux de..... que le sieur..... déclarera avoir l'intention de faire.

Desquelles opérations l'expert dressera procès-verbal qu'il déposera au greffe du tribunal ;

Dit que par le même expert lesdits travaux seront reçus dans les six mois au plus tard de leur perfection et qu'il en constatera la valeur par le règlement des mémoires, de laquelle opération l'expert dressera procès-verbal qu'il déposera aussi au greffe de ce tribunal.....

Fait et jugé en la chambre du conseil, où siégeaient MM. (*noms de MM. les président et juges, qui ont assisté au jugement*), le.....

Signé.....

président.

V..... greffier.

Formule III.

Signification a l'expert du jugement et sommation d'avoir a prêter serment et a procéder a l'expertise.

L'an....., et le....., à la requête du sieur..... (*nom, prénoms, profession et domicile du poursuivant*),

Nous...... (*immatricule de l'huissier*), soussigné,

Avons signifié et donné copie, en tête des présentes, au sieur..... (*nom, prénoms et domicile de l'expert*), du jugement prononcé par le tribunal de..... le..... dûment enregistré, afin qu'il ne l'ignore.

Et, au surplus, avons fait sommation audit sieur..... d'avoir à se trouver aux lieu, jour et heure indiqués dans ledit jugement, pour prêter serment de bien et fidèlement remplir la mission qui lui est confiée et procéder aux opérations ordonnées.

Dont acte, fait à..... au domicile du sieur..... où, pour lui, nous avons, en parlant à..... laissé copie tant du jugement sus-mentionné que du présent exploit, etc.

(*Signature de l'huissier.*)

Formule IV.

Premier procès-verbal pour constater l'état des lieux relativement au privilége des architectes et entrepreneurs (art. 2103, C. Civ.).

L'an mil huit cent..... le..... à..... heures du....., je soussigné Charles A..... architecte, demeurant à..... expert nommé d'office par jugement du tribunal de première instance de..... rendu le..... entre 1° le sieur B..... (*nom et prénoms*), entrepreneur de bâtisses, demeurant et domicilié à...., et 2° le sieur G..... (*nom et prénoms*), propriétaire demeurant et domicilié à....., à l'effet de constater l'état dans lequel se trouve la maison, située à..... : attendu que ledit sieur G... a l'intention de la faire élever d'un étage, au-dessus du rez-de-chaussée, par l'entrepreneur B., lequel veut acquérir le privilége de l'art. 2103 du Code civil sur l'immeuble qu'il va exhausser pour le compte du propriétaire sus-nommé; après avoir prêté serment devant M. le président du tribunal sus-indiqué, ainsi qu'il résulte du procès-verbal dressé par ce magistrat le..... et fixé à aujourd'hui, à..... heures du..... mon transport sur les lieux, jour et heure indiqués dans la sommation faite à G...., par B..... suivant exploit de...., huissier à....., en date du..... dont l'original m'a été remis, ainsi que la grosse du jugement ci-avant relaté, me suis rendu à la maison, objet de mon expertise, où sont également venus les sieurs B....., entrepreneur, et G..... propriétaire, qui ont déclaré être prêts à assister à l'opération qui m'était confiée.

J'ai, en conséquence, visité avec eux la maison dont il s'agit, et j'ai reconnu et constaté ce qui suit :

Cette maison confronte du levant à..... du nord à..... du couchant à..... du midi à..... Elle est à rez-de-chaussée. sur caves voûtées et occupe une superficie de terrain de..... (*décrire la maison en entier, donner l'épaisseur des murs, la nature des matériaux dont ils sont composés..... etc..... l'expert terminera, en donnant une estimation de la valeur de la maison, afin de pouvoir établir, après la perfection des nouveaux travaux, le montant de la plus-value*).

La mission qui m'avait été confiée étant ainsi remplie, j'ai clos le présent procès-verbal, les jours, mois et an susdits, sur les lieux litigieux, à..... heures du....., par simple (double ou triple) vacation.

(Signature de l'expert.)

Formule v.

L'an mil huit,.... etc. (comme à la formule précédente),
à l'effet de recevoir les ouvrages faits par ledit sieur
B...., entrepreneur à la maison du sieur G...., propriétaire, située à..... et qui a été l'objet d'un premier procès-verbal, dressé par moi (*ou : par monsieur...., expert,
alors nommé par le tribunal*), le..... enregistré le...., déposé au greffe et transcrit au bureau des hypothèques ;

Après avoir prêté serment, etc. (*comme à la précédente
formule ; — si les parties ne sont pas présentes, on le constate.*)

J'ai, en conséquence, visité avec eux (*ou : avec ledit
sieur....*, — *ou bien :* en l'absence des parties) la maison
dont il s'agit, et j'ai reconnu et constaté ce qui suit :

La maison a été élevée d'un étage au-dessus du rez-de-
chaussée, dont les murs, suffisants pour supporter cet
exhaussement, sont restés tels qu'ils étaient auparavant,
etc. (*décrire avec soin tous les travaux qui ont été faits, leur
bonne ou mauvaise confection, la qualité des matériaux employés, etc., et enfin estimer la valeur de l'immeuble, dans
l'état où l'ont mis ces nouveaux ouvrages, quel que soit le
prix qu'ils ont coûté*).

La valeur de la maison du sieur G..... étant actuellement de..... et la valeur qu'elle avait auparavant, ainsi que
le constate le premier procès-verbal, dressé par moi (*ou
par l'expert.....*) le...., ayant été de...., il en résulte que
cet immeuble a acquis, par les travaux nouvellement effectués, une plus-value de....., somme sur laquelle repose

le privilége de l'entrepreneur B....., conformément à l'article 2103 du Code civil.

(Dans le cas où la plus-value ne proviendrait pas, en entier, des nouveaux travaux, il faudrait l'établir de la manière suivante : il en résulte que cet immeuble a acquis une plus-value de.....; mais je suis d'avis que cette plus-value ne provient pas entièrement des travaux nouvellement effectués. Il est incontestable, en effet, que l'élargissement de la rue..... etc., a donné à la maison G..... une augmentation de valeur, qui me paraît devoir être estimée la somme de..... d'où il suit que la plus-value sur laquelle doit reposer le privilége de l'entrepreneur B..... ne saurait être portée à plus de....., conformément à l'art. 1103 du Code civil.)

Ayant ainsi rempli la mission qui m'était confiée, j'ai clos le présent procès-verbal, de retour dans ma demeure les jour, mois et an susdits, à..... heures du soir..... Après avoir employé à mes opérations, le serment compris..... Vacation.

(Signature de l'expert.)

FIN

TABLE DES MATIÈRES

CORBEIL. — Typ. et stér. de CRÉTÉ FILS.

www.ingramcontent.com/pod-product-compliance
Lightning Source LLC
Chambersburg PA
CBHW051729050726
47598CB00003B/1108